MODÈLES D'EXERCICES
ORATOIRES
EN PROSE ET EN VERS

À L'USAGE DE MON COURS ET FAISANT SUITE
À MON LIVRE

L'ACTION

Par Marius LAISNÉ.
33, Rue de Seine, 33.

MODÈLES D'EXERCICES

ORATOIRES

EN PROSE ET EN VERS

A L'USAGE DE MON COURS ET FAISANT SUITE

A MON LIVRE

L'ACTION

Par Marius LAISNÉ.

33, Rue de Seine, 33.

Paris, Imprimerie Moquet, Rue des Fossés-Saint-Jacques 11

AVERTISSEMENT.

Ce Recueil, destiné aux personnes d'un âge raisonnable aussi bien qu'aux jeunes gens, renferme une collection soigneusement choisie de morceaux et de scènes en prose et en vers, formée principalement dans le but d'initier les auditeurs de mon cours public aux mouvements oratoires et de servir d'exercices dans les maisons d'éducation.

Pour faire comprendre par *l'action de la voix, la physionomie et le geste*, toute l'étenduede la pensée, j'ai dans mon livre : *l'Action*, qui a précédé ce recueil, consacré un chapitre spécial à chacune de ces parties, afin d'amener les jeunes orateurs et artistes à cet harmonieux ensemble si utile dans le discours.

Malgré la malignité qui peut-être jettera de la

défaveur sur cette compilation, je demeurerai convaincu d'avoir sans prétention aucune fait un livre utile pouvant, tout en formant l'esprit, former aussi le cœur ; car s'identifier avec le beau n'est-ce pas en effet élever son âme ?

Quelle autre gloire peut-on attendre d'un recueil ?

MODÈLES D'EXERCICES

ORATOIRES

EN PROSE ET EN VERS.

LA PETITE FAISEUSE D'EMBARRAS.

On m'appelle... j'y vais. Encore un exercice !
Oh ! vraiment c'est trop fort, il faut que ça finisse ;
On n'a le temps de rien... j'arrive... au même instant,
— Récite, me dit-on, et fais-le lentement.
Tiens-toi donc droite aussi... soigne ta révérence.
Voyons ton point de marque : Oh ! c'est mal, recommence,
Et tu joueras plus tard... — Point de distractions,
— Repasse ton cahier, repasse tes leçons.
O mon Dieu, quel tourment ! vraiment ce n'est pas vivre,
On ne voit dans mes mains que l'aiguille et le livre !
Et cependant voyez, à peine ai-je sept ans ;
Et que sera-ce donc à l'âge de dix ans ?

WORMS.

UN ANGE.

A chacun sa part de douleur,
A chacun sa part de bonheur.
Nous souffrons depuis la naissance;
Mais le ciel dans sa prévoyance,
Place un bon ange près de nous
Qui du sort doit parer les coups.
Cet ange descendu sur terre
Pour nous aimer: c'est notre mère.

Toujours dans un monde trompeur,
On nous voit chercher la grandeur.
L'amour nous séduit, et sans cesse,
D'un fol espoir il nous caresse,
Bientôt alors désabusés,
Nos cœurs sont flétris ou brisés,
Mais il nous reste sur la terre
Un bon ange: c'est notre mère.

Cet ange doit mourir, hélas!
Mais son amour ne s'éteint pas.
Ce saint amour, notre partage,
Sur nous doit veiller à tout âge.
En quittant les terrestres lieux,
Nous découvrirons dans les cieux
Un ange qui, par sa prière,
Doit nous sauver; c'est notre mère!

LA GRAND'MÈRE.

« Dors-tu ?. . Réveille-toi, mère de notre mère !
D'ordinaire, en dormant, ta bouche remuait ;
Car ton sommeil souvent ressemble à ta prière.
Mais, ce soir, on dirait la madone de pierre :
Ta lèvre est immobile et ton souffle est muet.

« Pourquoi courber ton front plus bas que de coutume ?
Quel mal t'avons-nous fait, pour ne plus nous chérir ?
Vois, la lampe pâlit, l'âtre scintille et fume ;
Si tu ne parles pas, le feu qui se consume,
Et la lampe, et nous deux, nous allons tous mourir !

« Tu nous trouveras morts près de la lampe éteinte.
Alors, que diras-tu quand tu t'éveilleras ?
Tes enfants à leur tour seront sourds à ta plainte,
Pour nous rendre à la vie, en invoquant ta sainte,
Il faudra bien longtemps nous serrer dans tes bras !

« Donne-nous donc tes mains dans nos mains réchauffées ;
Chante-nous quelque chant de pauvre troubadour.
Dis-nous ces chevaliers qui, servis par les fées,
Pour bouquets à leur dame apportaient des trophées,
Et dont le cri de guerre était un nom d'amour.

» Mère !... hélas ! par degrés s'affaisse la lumière,
L'ombre joyeuse danse autour du noir foyer.
Les esprits vont peut-être entrer dans la chaumière...
Oh ! sors de ton sommeil, interromps ta prière ;
Toi qui nous rassurais, veux-tu nous effrayer ?

« Dieu ! que tes bras sont froids ! rouvre les yeux... Naguère
Tu nous parlais d'un monde où nous mènent nos pas,
Et de ciel, et de tombe, et de vie éphémère ;
Tu parlais de la mort... Dis-nous, ô notre mère !
Qu'est-ce donc que la mort ? — Tu ne nous réponds pas... »

Leur gémissante voix longtemps se plaignit seule.
La jeune aube parut sans réveiller l'aïeule.
La cloche frappa l'air de ses funèbres coups ;
Et, le soir, un passant, par la porte entr'ouverte,
Vit, devant le saint livre et la couche déserte,
Les deux petits enfants qui priaient à genoux.

VICTOR HUGO.

NOUS SOMMES SEPT.

Un enfant, l'innocence même, et dont la vie s'épanouit comme une rose, n'a aucune idée du malheur : peut-il savoir ce que c'est que la mort ?

J'ai rencontré une petite villageoise qui n'avait pas plus de huit ans ; ses cheveux épais tombaient en boucles sur ses épaules, ses joues étaient veloutées comme la pêche, ses yeux me parurent si beaux, si beaux, que je m'arrêtai pour la contempler.

— « Avez-vous des frères et des sœurs, charmante Paquerette ? » — lui demandai-je. — Elle me répondit, en me regardant avec étonnement — *Nous sommes sept.*

« Dites-moi..., demeurent-ils avec vous ? — Oh non,

monsieur ; j'ai quatre frères qui sont bien loin d'ici : deux à l'armée, deux sur la mer. Le dernier de mes frères et ma toute jeune sœur dorment ici près dans le cimetière. — *Nous sommes sept.*

» — Ce n'est pas possible. Deux sont marins, deux sont soldats et deux au champ du repos.

— » *Comment pouvez-vous être sept* ?

— » Oh ! répliqua la petite villageoise, Jean et Berthe sont couchés sous un grand arbre, leur tombe est verte et toute couverte de fleurs.

— » Vous n'êtes donc que *cinq* au lieu de *sept !*

— » Ce fut Berthe qui mourut la première ; mon frère Jean la suivit bientôt ; je vais souvent travailler auprès d'eux, et avant de les quitter, je leur adresse une prière.

— » Vous ne les voyez plus, donc vous n'êtes plus *sept*.

— « Je ne vous comprends pas, s'écrie l'enfant, avec impatience ! — Je leur parle dans mes prières.

— » Mais encore une fois, mon enfant, si deux sont morts, vous n'êtes plus *sept*. »

C'est en vain que je cherchai à la persuader, elle ne voulut pas en avoir le démenti.

— « Monsieur, vous n'avez pas raison ; deux sont morts, il est vrai, mais ils vivent encore dans le ciel... Vous voyez bien que *nous sommes toujours sept*. »

POUJOL (Adolphe.)

—

BÉLISAIRE.

Bélisaire n'était plus qu'à douze milles du château où sa famille était retirée: mais fatigué d'une longue course, il demanda à son jeune guide s'il ne voyait pas devant lui quelque village où se reposer. J'en vois un, lui dit celui-ci; mais il est éloigné: faites-vous y conduire. Non, dit le héros, je l'exposerais à être pillé; et il renvoya son escorte.

Arrivé au village, il fut surpris d'entendre: Le voilà c'est lui, c'est lui-même; qu'est-ce? demanda t-il. C'est toute une famille qui vient au devant de vous lui répondit son conducteur. Dans ce moment un vieillard s'avance. Seigneur, dit-il à Bélisaire en l'abordant, pouvons-nous savoir qui vous êtes? Vous voyez-bien, répondit Bélisaire, que je suis un pauvre, et non pas un Seigneur. Hélas ! c'est ce qui nous confond, reprit le paysan, s'il est vrai, comme on nous l'a dit, que vous soyez Bélisaire. Mon ami, lui dit le héros, parlez plus bas; et si ma misère vous touche, donnez-moi, l'hospitalité. A peine il achevait ces mots, qu'il se sentit embrasser les genoux.

Mes enfants, dit le paysan à ses deux filles et à son fils, tombez aux pieds de ce héros; c'est lui qui nous a sauvés du ravage des Huns. Sans lui, le toit que nous habitons aurait été réduit en cendres; sans lui vous auriez vu votre père égorgé, et vos enfants menés en esclavage; sans lui, mes filles, vous n'auriez peut-être jamais osé lever les yeux; vous lui devez plus que la vie. Respectez-le encore dans l'état où vous le voyez, et pleurez sur votre patrie.

Bélisaire, ému jusqu'au fond de l'âme, d'entendre autour de lui cette famille reconnaissante le combler de bénédictions, ne répondit à ces transports, qu'en pressant tour à tour dans ses bras, le père et les enfants. Seigneur, lui dirent les deux femmes, recevez aussi dans votre sein ces deux innocents, dont vous êtes le second père. Nous leur rappellerons sans cesse le bonheur qu'ils auront eu de baiser leur libérateur, et de recevoir ses caresses. A ces mots l'une et l'autre mère lui présenta son fils, le mit sur ses genoux; et ces deux enfants souriant au héros, et lui tendant leurs faibles mains, semblaient aussi lui rendre grâces. Ah! dit Bélisaire à ces bonnes gens, me trouvez-vous encore à plaindre? Et croyez-vous qu'il y ait encore au monde en ce moment un mortel plus heureux que moi?

MARMONTEL.

—

L'HOMME ET LA NATURE.

« Hélas! les biens nous ont été donnés en commun, et nous n'avons partagé que les maux. Partout l'homme manque de terre, et le globe est couvert de déserts. L'homme seul est exposé à la famine, et jusqu'aux insectes regorgent de biens. Presque partout il est esclave de son semblable, et les animaux les plus faibles se sont maintenus libres contre les plus forts. La Nature, qui l'avait fait pour aimer lui avait refusé des armes, et il s'en est forgé pour combattre ses semblables. Elle présente à tous ses enfants des asiles et des festins, et les avenues de nos villes ne s'annoncent au loin que par des canons et par des meurtrières. L'histoire de la Nature n'offre que des bienfaits, et celle de l'homme que brigandage et fureur. Ses Héros sont ceux qui se sont rendus les plus redoutables. Partout il méprise la main qui file ses habits, et qui laboure pour lui le sein de la terre ; partout il estime qui le trompe, et révère qui l'opprime ; toujours mécontent du présent, il est le seul être qui regrette le passé et qui redoute l'avenir. La Nature n'avait donné qu'à lui d'entrevoir qu'il existât un Dieu, et des milliers de religions inhumaines sont nées d'un sentiment si simple et si consolant. Quelle est donc la puissance qui a mis obstacle à celle de la Nature, et quelle illusion a égaré cette raison merveilleuse d'où sont sortis tant d'arts, excepté celui d'être heureux? O législateurs! ne vantez plus vos lois. Ou l'homme est né pour être misérable, ou la terre, arrosée partout de son sang et de ses larmes, vous accuse tous d'avoir méconnu la Nature. »

BERNARDIN DE SAINT-PIERRE.

—

LES DRUIDES.

L'initiation druidique avait trois degrés, qui formaient la hiérarchie sacerdotale : les Bardes, les Ovates, les Druides.

Les Bardes ou *poètes*, étaient les improvisateurs sacrés de la Gaule. Ils chantaient dans les fêtes publiques en s'accompagnant de la rote.

Les Ovates, ou *devins* étaient chargés de la partie matérielle du culte et des sacrifices.

Les Druides ou *prêtres*, formaient la classe supérieure et savante de l'ordre. Arbitres de la paix et de la guerre entre les nations, Sénateurs de droit en Armorique, ils avaient le privilége exclusif de la théologie, de la législation et de l'éducation.

Leur enseignement tout verbal était rédigé en vers, afin qu'il se fixât mieux dans la mémoire. Ils prêchaient surtout l'amour de la gloire et le dévouement à la patrie. Ils ne confiaient rien au papier, ni à la toile ; et les seuls monuments qui nous restent d'eux sont des traditions obscures surprises aux derniers bardes, et des monuments informes à qui la science arrache à peine quelques secrets.

L'ordre des Druides était électif, et se recrutait parmi les adeptes formés par un long noviciat. Ce noviciat, mêlé de sévères épreuves au fond des cavernes et des bois, durait quelquefois plus de vingt ans, car il fallait apprendre par cœur toute une encyclopédie poétique. Un druide suprême, armé pour la vie d'un pouvoir absolu, veillait au maintien de l'institution. Les Druides discutaient et jugeaient, en cours de justice ou en colléges, toutes les questions d'intérêt public et privé.

On peut se figurer quel despotisme devaient exercer de pareils personnages, dépositaires de tout pouvoir, interprètes de toute loi, juges et bourreaux tout ensemble ; épiant la société entière par les yeux de leurs adeptes ;

cachés eux-mêmes dans des forêts aussi vieilles que le monde, où pénétraient à peine les rayons du soleil, dont la tempête seule troublait le vaste silence, et d'où ces blancs fantômes ne sortaient que pour célébrer les plus terribles mystères, pour frapper au cœur des victimes humaines, ou pour prononcer des arrêts sans appel.

PITRE CHEVALIER.

ÉLOGE FUNÈBRE DE FRANKLIN.

Franklin est mort ! il est retourné au sein de la divinité, le génie qui affranchit l'Amérique, et versa sur l'Europe des torrents de lumière !

Le sage que deux mondes réclament, l'homme que se disputent l'histoire des sciences et l'histoire des empires, tenait sans doute un rang élevé dans l'espèce humaine.

Assez longtemps les cabinets politiques ont notifié la mort de ceux qui ne furent grands que dans leur éloge funèbre ! Assez longtemps l'étiquette des cours a proclamé des deuils hypocrites ! Les nations ne doivent porter que le deuil de leurs bienfaiteurs ; les représentants des nations ne doivent recommander à leur hommage que les héros de l'humanité.

Le Congrès a ordonné dans les quatorze États confédérés un deuil de deux mois pour la mort de Franklin, et l'Amérique acquitte en ce moment ce tribut de vénération et de reconnaissance pour l'un des pères de sa constitution.

Ne serait-il pas digne de vous, messieurs, de vous unir à cet acte vraiment religieux, de participer à cet hommage rendu à la face de l'univers, et aux droits de l'homme, et au philosophe qui a le plus contribué à en propager la conquête sur toute la terre? L'antiquité eût élevé des autels à ce vaste et puissant génie, qui, au profit des mortels, embrassant dans sa pensée le ciel et la terre, sut dompter la foudre et les tyrans : l'Europe éclairée et libre doit du moins un témoignage de souvenir et de regret à l'un des plus grands hommes qui aient jamais servi la philosophie et la liberté.

Je propose qu'il soit décrété que l'Assemblée nationale portera pendant trois jours le deuil de Benjamin Franklin.

MIRABEAU.

MIRABEAU A SES ACCUSATEURS.

C'est une étrange manie, c'est un déplorable aveuglement que celui qui anime ainsi les uns contre les autres des hommes qu'un même but, un sentiment indestructible devraient, au milieu des débats les plus acharnés, toujours rapprocher, toujours réunir ; des hommes qui substituent ainsi l'irascibilité de l'amour-propre au culte de la patrie, et se livrent les uns les autres aux préventions populaires ! Et moi aussi, on voulait il y a peu de jours me porter en triomphe, et maintenant on crie dans les rues *la grande trahison du comte de Mirabeau !* . .

Je n'avais pas besoin de. cette leçon pour savoir qu'il est peu de distance du Capitole à la roche Tarpéïenne; mais l'homme qui combat pour la raison, pour la patrie, ne se tient pas si aisément pour vaincu. Celui qui a la conscience d'avoir bien mérité de son pays, et surtout de lui être encore utile; celui que ne rassasie pas une vaine célébrité, et qui dédaigne les succès d'un jour pour la véritable gloire; celui qui veut dire la vérité, qui veut faire le bien public, indépendamment des mobiles mouvements de l'opinion populaire, cet homme porte avec lui la récompense de ses services, le charme de ses peines et le prix de ses dangers: il ne doit attendre sa moisson, sa destinée, la seule qui l'intéresse, la destinée de son nom, que du temps, ce juge incorruptible qui fait justice à tous. Que ceux qui prophétisaient depuis huit jours mon opinion sans la connaître, qui calomnient en ce moment mon discours sans l'avoir compris, m'accusent d'encenser des idoles impuissantes au moment où elles sont renversées, ou d'être le vil stipendié des hommes que je n'ai cessé de combattre; qu'ils dénoncent comme un ennemi de la révolution celui qui peut-être n'y a pas été inutile, et qui, cette révolution fût-elle étrangère à sa gloire, pourrait là seulement trouver sa sûreté; qu'ils livrent aux fureurs du peuple trompé celui qui depuis vingt ans combat toutes les oppressions et qui parlaient aux Français de liberté, de constitution, de résistance lorsque ces vils calomniateurs suçaient le lait des cours, et vivaient de tous les préjugés dominants. Que m'importe! ces coups de bas en haut ne m'arrêteront pas dans ma carrière. Je leur dirai: Répondez si vous pouvez; calomniez ensuite tant que vous voudrez.

LE PAYSAN VEUF.

Eh quoi! Thomas, pas une messe,
Pas la moindre prière enfin!
— Non, Monsieur le Curé. — Je vois avec chagrin
Cet endurcissement d'une âme pécheresse.
— J'en suis fâché, mais tel est mon dessein.
— Cependant, mon ami, lorsqu'on perd sa femme
On doit oublier tous ses torts,
Et faire ensuite tous ses efforts
Pour assurer le repos de son âme.
— Écoutez, bon pasteur. Si Claudine est aux cieux,
Que peut-il lui manquer? Que peut-on entreprendre?
La musique des bienheureux
L'empêcherait, d'ailleurs, de nous entendre.
Si Dieu l'a condamnée à rôtir pour toujours,
Lui serons-nous d'un grand secours?
— Non, mais si dans le purgatoire,
Elle doit rester deux cents ans,
Vos prières, du moins, et vous pouvez m'en croire,
Pourraient abréger ses tourments.
— Eh! non, c'est encore inutile,
Notre femme eut toujours l'esprit fort indocile;
Elle voudra faire son temps.

GRETRY.

LES PRUNES.

Si vous voulez savoir comment
Nous nous aimâmes pour des prunes,
Je vous le dirai doucement,
Si vous voulez savoir comment
L'amour vient toujours en dormant,
Chez les bruns comme chez les brunes ;
En quelques mots voici comment
Nous nous aimâmes pour des prunes.

Mon oncle avait un grand verger
Et moi j'avais une cousine ;
Nous nous aimions sans y songer ;
Mon oncle avait un grand verger;
Les oiseaux venaient y manger,
Le bon Dieu faisait leur cuisine.
Mon oncle avait un grand verger
Et moi j'avais une cousine.

Un matin nous nous promenions
Dans le verger, avec Mariette :
Tout gentils, tout frais, tout mignons,
Un matin nous nous promenions.
Les cigales et les grillons
Nous fredonnaient une ariette :
Un matin nous nous promenions
Dans le verger avec Mariette.

De tous côtés, d'ici, de là,
Les oiseaux chantaient dans les branches,
En si bémol, en ut, en la,
De tous côtés d'ici, de là.
Les prés en habit de gala
Étaient pleins de fleurettes blanches,
De tous côtés, d'ici, de là,
Les oiseaux chantaient dans les branches.

Fraîche sous son petit bonnet,
Belle à ravir, et point coquette,
Ma cousine se démenait,
Fraîche sous son petit bonnet.
Elle sautait, allait, venait,
Comme un volant sur la raquette :
Fraîche sous son petit bonnet.
Belle à ravir et point coquette.

Arrivée au fond du verger,
Ma cousine lorgne les prunes ;
Et la gourmande en veut manger,
Arrivée au fond du verger.
L'arbre est bas ; sans se déranger
Elle en fait tomber quelques-unes.
Arrivée au fond du verger,
Ma cousine lorgne les prunes.

Elle en prend une, elle la mord,
Et me l'offrant : « Tiens !... » me dit-elle.
Mon pauvre cœur battait bien fort,
Elle en prend une, elle la mord.

Ses petites dents sur le bord
Avaient fait des points de dentelle...
Elle en prend une, elle la mord,
Et me l'offrant : « Tiens ! » me dit-elle.

Ce fut tout, mais ce fut assez ;
Ce seul fruit disait bien des choses,
(Si j'avais su ce que je sais !...)
Ce fut tout, mais ce fut assez.
Je mordis, comme vous pensez
Sur la trace des lèvres roses ;
Ce fut tout, mais ce fut assez ;
Ce seul fruit disait bien des choses.

Oui, Mesdames, voilà comment
Nous nous aimâmes pour des prunes :
N'allez pas l'entendre autrement.
Oui, Mesdames, voilà comment
Si parmi vous, pourtant, d'aucunes
Le comprenaient différemment,
Ma foi, tant pis ! voilà comment
Nous nous aimâmes pour des prunes.

DAUDET.

PAYSAGES DE LA SUISSE.

La beauté des paysages de la Suisse est un sujet inépuisable pour le poëte et pour le peintre. Cependant lorsque, après avoir lu leurs descriptions et vu leurs tableaux, on voyage sur les Alpes, on sent vivement l'impuissance où est l'art de rendre sensibles les beautés sublimes de la nature. Ce calme et cette pureté de l'air qu'on y respire, l'aspect imposant de cent montagnes colossales enfoncées dans les nues et chargées de glaciers, la multitude de fleurs qui émaillent au printemps les pâturages des hauteurs et contrastent par la vivacité des couleurs avec la sombre verdure des bois d'arbres résineux, ces chalets solitaires adossés contre les rochers ou protégés par les tiges élancées des sapins ; ces troupeaux qui animent les tapis de verdure, et que l'on voit paître jusqu'au bord des abîmes; la fraîcheur des eaux vives qui jaillissent sur les flancs des montagnes et dans tous les vallons; ces nappes d'eau bleuâtre qui remplissent plusieurs bassins des vallées et brillent dans le lointain; la situation pittoresque de tant de hameaux et d'habitations isolées : tous ces objets divers font sur le voyageur une impression que ni le pinceau de l'artiste ni la plume du poète ne peut se flatter d'égaler. L'imagination peut se la figurer ; cependant la réalité est encore au-dessus des effets de l'imagination ; elle y ajoute toujours des incidents dont on n'a guère d'idées dans les pays de plaine. Tantôt ce sont des vapeurs qui couronnent la cime du rocher d'où se précipite un torrent, en sorte que la masse d'eau paraît tomber des nues; tantôt ce sont des brouillards blanchâtres qui remplissent les vallées et toute la région inférieure, au point de faire croire au voyageur, arrivé au sommet d'une montagne, qu'il est entouré d'un vaste océan; tantôt c'est la foudre qui de toutes parts s'élance d'épais nuages d'une teinte de cuivre rouge et sillonne les airs au-dessous du spectateur, autour duquel l'air conserve une sérénité parfaite; tantôt ce sont des derniers rayons du soleil qui éclairent les pyramides, plateaux et masses de glace au haut des Alpes, les transforment en objets fantastiques et leur prêtent les couleurs les plus variées et les plus vives, les rapprochant de l'œil du spectateur, et leur laissant en se retirant une teinte pâle et grisâtre qui les a fait comparer à des fantômes gigantesques; quelquefois il semble que les arêtes et les brèches des rochers et des glaciers s'appuient sur des nuages et composent des citadelles aériennes; d'autres fois les nuages paraissent s'étayer à leur tour sur deux montagnes opposées et former, en se rejoignant une arcade immense au-dessous de laquelle on aperçoit en perspective un paysage riant, éclairé par le plus beau soleil. En un mot, la nature réserve toujours à l'étranger qui voyage en Suisse, et même à l'indigène, des sujets de surprise, et il serait souvent tenté de croire qu'il est transporté dans un nouveau monde.

DEPPING.

—

MARIE OU LE MOUCHOIR BLEU.

A la fin du mois d'octobre de l'année dernière, je retournais à pied d'Orléans au château de Bardy. Devant moi, et sur la même route, marchait un régiment de la garde étrangère. J'avais hâté le pas pour entendre cette musique militaire que j'aime tant; mais la musique se taisait : seulement quelques mesures de tambour venaient de loin en loin, marquer le pas uniforme des soldats.

Après une demi-heure de marche, je vis le régiment entrer dans une petite plaine entourée d'un bois de sapins. Je demandai à un capitaine que je connaissais si on allait faire l'exercice. — Non, me dit-il, on va juger, et probablement fusiller un soldat de ma compagnie, pour avoir volé le bourgeois qui le logeait. — Comment, lui dis-je, on va le juger, le condamner, l'exécuter dans le même moment! — Oui, reprit-il, ce sont nos capitulations. Ce mot pour lui était sans réplique, comme si tout avait été prévu dans ces capitulations : la faute et le châtiment, la justice et l'humanité même. Au reste, si vous êtes curieux ajouta le capitaine, je vais vous faire placer. Cela ne sera pas long. — J'ai toujours été avide de ces tristes spectacles : je m'imagine que je vais apprendre ce qu'est la mort sur la figure d'un mourant. Je suivis le capitaine.

Le régiment s'était formé en carré; derrière la seconde ligne, et sur le bord du bois quelques soldats creusaient une fosse. Ils étaient commandés par un sous-lieutenant, car tout au régiment se fait avec ordre, et il y a une certaine discipline à creuser la fosse d'un homme.

Au centre du carré, huit officiers étaient assis sur des tambours; le neuvième à droite et plus en avant, écrivait quelques mots sur ses genoux, mais avec négligence, et simplement pour qu'un homme ne fût pas tué sans quelques formes.

On appela l'accusé, c'était un jeune homme d'une taille élevée, d'une figure noble et douce. Avec lui s'avança une femme, seul témoin qui déposât dans cette affaire.

Mais lorsque le colonel voulut interroger cette femme :
— C'est inutile, dit le soldat, je vais tout avouer : j'ai volé un mouchoir chez cette dame.

LE COLONEL. — Vous, Piter ! vous passiez pour un bon sujet !

PITER. — Il est vrai, mon colonel, j'ai toujours tâché de contenter mes chefs : aussi, ce n'est pas pour moi que j'ai volé : c'est pour Marie.

LE COLONEL. — Quelle est cette Marie ?

PITER. — C'est Marie, qui demeure là-bas... au pays... près d'Areneberg... où est ce grand pommier... je ne la verrai donc plus !

LE COLONEL. — Je ne vous comprends pas, Piter. Expliquez-vous.

PITER. — Eh bien, mon colonel, lisez cette lettre... et il lui remit la lettre suivante, dont tous les mots sont présents à mon souvenir :

Mon bon ami Piter,

« Je profite du recrue Arnold, qui est engagé dans ton
« régiment pour t'envoyer cette lettre et une bourse en
« soie que j'ai faite à ton intention. Je me suis bien cachée
« de mon père, pour la faire, car il me gronde toujours

« de t'aimer tant, et dit que tu ne reviendras pas. N'est-« ce pas que tu reviendras? Au reste, quand tu ne re-« viendrais jamais, je t'aimerais malgré cela. Je me suis « promise à toi, le jour où tu ramassas mon mouchoir « bleu, à la danse d'Areneberg, pour le rapporter. Quand « te reverrai-je donc? Ce qui me fait plaisir, c'est qu'on « me dit que tu es estimé de tes supérieurs et aimé des « autres. Mais tu as encore deux ans à faire. Fais-les « vite, parce qu'alors nous nous marierons.

Adieu, mon bon ami Piter. »

Ta chère Marie.

« P.-S. — Tâche de m'envoyer aussi quelque chose de « France, non pas de peur que je t'oublie, mais pour que « je le porte sur moi. Tu baiseras ce que tu m'enverras : « je suis bien assurée que je retrouverai tout de suite la « place de ton baiser. »

Quand la lecture fut achevée, Piter reprit la parole :

« Arnold, dit-il, me remit cette lettre hier au soir, quand on me donna mon billet de logement. Toute la nuit, je ne pus dormir : je pensais au pays et à Marie. Elle me demandait quelque chose de France. Je n'avais point d'argent; j'ai engagé mon prêt pendant trois mois, pour mon frère et mon cousin, qui sont retournés au pays il y a quelques jours. Ce matin quand je me suis levé pour partir, j'ai ouvert ma fenêtre. Un mouchoir bleu était suspendu à une corde; il ressemblait à celui de Marie; c'était la même couleur, les mêmes raies blanches. J'ai eu la faiblesse de le prendre et de le mettre dans mon sac. Je suis descendu dans la rue : je me repentais; j'allais revenir à la maison, quand cette dame a couru après moi. On a trouvé le mouchoir : voilà la vérité. La capitulation veut qu'on me fusille. Faites moi fusiller, mais ne me méprisez pas. »

Les juges ne pouvaient cacher leur émotion ; cependant lorsqu'on alla aux voix, il fut condamné à l'unanimité. Il entendit l'arrêt avec sang-froid ; puis, s'approchant de son capitaine, il le pria de lui prêter quatre francs. Le capitaine les lui donna. Je le vis ensuite qui s'avançait vers la femme à qui l'on avait rendu le mouchoir bleu, et j'entendis ces mots : Madame voilà quatre francs, je ne sais si votre mouchoir vaut plus ; mais quand cela serait, je le paie assez cher pour que vous me fassiez grâce du reste.

Reprenant alors le mouchoir, il le baisa et le donna au capitaine : Mon officier, lui dit il, dans deux ans vous retournerez à nos montagnes, si vous allez du côté d'Areneberg, demandez Marie, remettez-lui ce mouchoir, mais ne lui dites pas comment je l'ai acheté! Ensuite il s'agenouilla, pria Dieu, et marcha d'un pas ferme au supplice.

Je m'éloignai alors et j'entrai dans le bois, pour ne pas voir la fin de cette cruelle tragédie. Quelques coups de fusil m'apprirent bientôt qu'elle était terminée.

Je revins une heure après, le régiment s'était éloigné; tout était calme ; mais en suivant le bord du bois pour regagner la route, j'aperçus à quelques pas devant moi des traces de sang et une butte de terre fraîchement remuée. Je pris une branche de sapin, j'en fis une espèce de croix, et je la plaçai sur la tombe du pauvre Piter, oublié maintenant de tout le monde, excepté de moi, et peut être de Marie.

Béquet (Étienne).

SCÈNES DIVERSES

L'EPREUVE.

SCÈNE II.

LUCIDOR, BLAISE.

LUCIDOR.

Il vient à moi, il paraît avoir à me parler.

Me BLAISE.

Je vous salue, M. Lucidor: hé bien, qu'est-ce? comment vous va? vous avez bonne maine à cette heure.

LUCIDOR.

Oui, je me porte assez bien, Maître Blaise.

Me BLAISE.

Faut convenir que votre maladie vous a bian fait du proufit: vous vela morgué plus rougeaut, plus varmeille, ça réjouit, ça me plaît à voir.

LUCIDOR.

Je vous en suis obligé.

Me BLAISE.

C'est que j'aime tant la santé des braves gens, alle est si recommandable, surtout la vôtre, qui est la pus recommandable de tout le monde.

LUCIDOR.

Vous avez raison d'y prendre quelqu'intérêt; je voudrais pouvoir vous être utile à quelque chose.

Me BLAISE.

Voirement cette utilité là est belle et bonne, et je vians tout justement vous prier de m'en gratifier d'une.

LUCIDOR.

« Voyons.

Me BLAISE.

Vous savez bian, Monsieur, que je fréquente chez Madame Argante, et sa fille Angélique : alle est gentille au moins !

LUCIDOR.

« Assurément.

Me BLAISE (*riant*).

Hé, hé, hé, c'est ne vous déplaise, que je voudrais avoir sa gentillesse en mariage.

LUCIDOR.

« Vous aimez donc Angélique ?

Me BLAISE.

Ah ! cette petite criature-là m'affole, j'en pars si peu d'esprit que j'ai ; quand il fait jour je pense à elle, quand il fait nuit j'en rêve; il me faut du remède à ça, et je vians envars vous, à celle fin, par voute moyen, pour l'honneur et le respect qu'on vous porte ici, sauf voute grace ; et si ça ne vous torne pas à l'importunité, de me favoriser de queuques bonnes paroles auprès de sa mère, dont j'ai itou besoin de la faveur.

LUCIDOR.

« Je vous entends; vous souhaitez que j'engage Madame Argante à vous donner sa fille : Et Angélique vous aime-t-elle ?

Me BLAISE.

Oh dame, quand parfois je li conte ma chance, alle rit de tout son cœur, et me plante-là ; c'est bon signe n'est-ce pas ?

LUCIDOR.

« Ni bon, ni mauvais : au surplus comme je crois que Madame Argante a peu de bien, que vous êtes fermier de plusieurs terres, fils de fermier vous-même...

Me BLAISE.

Et que je sis encore une jeunesse; car je n'ons que trente ans, et d'himeur folichonne, un Roger Bontemps.

LUCIDOR.

« Le parti pourrait convenir sans une difficulté.

Me BLAISE.

Laquelle ?

LUCIDOR.

« C'est qu'en revanche des soins que madame Argante et toute sa maison ont eus de moi pendant ma maladie, j'ai songé à marier Angélique à quelqu'un de fort riche qui va se présenter, qui ne veut précisément épouser qu'une fille de campagne, de famille honnête et qui ne se soucie pas qu'elle ait du bien.

Me BLAISE.

Morgué, vous me faites là un vilain tour avec votre avisement, monsieur Lucidor ; vela qui m'est bian rude, bian chagrinant et bian traître. Jarnigué, soyons bons, je l'approuve, mais ne foulons personne ; je sis voute prochain autant qu'un autre, et ne faut pas pas peser sur cetici pour alléger cetilà ; moi qui avais tant de peur que vous ne mouriez, c'était bian la peine de venir vingt fois demander comment va-t-il, comment ne va-t-il pas ? Vela-t-il pas une santé qui m'est bien chanceuse? Après vous avoir mené moi-même cetilà qui vous a tiré deux fois du sang, et qui est mon cousin, afin que vous le sachiez, mon propre cousin germain ; ma mère était sa tante, et jarni ce n'est pas bien fait à vous.

LUCIDOR.

« Votre parenté avec lui n'ajoute rien à l'obligation que je vous ai.

Me BLAISE.

Sans compter que c'est cinq bonnes mille livres que vous m'ôtez comme un sou et que la petite aura en mariage.

LUCIDOR.

« Calmez vous: est-ce cela que vous en espérez? Hé bien, je vous en donne douze pour en épouser une autre, et pour vous dédommager du chagrin que je vous fais.

Me BLAISE (*étonné*).

Quoi ! douze mille livres argent sec ?

LUCIDOR.

« Oui, je vous les promets, sans vous ôter cependant la

liberté de vous présenter pour Angélique ; au contraire, j'exige même que vous la demandiez à madame Argante;je l'exige, entendez-vous? car si vous plaisez à Angélique, je serais très-fâché de la priver d'un homme qu'elle aimerait.

Me BLAISE (*se frottant les yeux de surprise*).

Eh ! mais c'est comme un prince qui parle: douze mille livres ! les bras m'en tombont, je ne saurais me r'avoir ; allons, monsieur, boutez-vous là, que je me prosterne devant vous, ni plus ni moins que devant un prodige.

LUCIDOR.

« Il n'est pas nécessaire, point de compliments, je vous tiendrai parole.

Me BLAISE.

Après que j'ons été si mal appris, si brutal. Eh ! dites-moi, roi que vous êtes, si par aventure Angélique me chérit, j'aurons donc la femme et les douze mille francs avec?

LUCIDOR.

Ce n'est pas tout à fait cela : écoutez-moi. Je prétends, vous dis-je, que vous vous proposiez pour Angélique, indépendamment du mari que je lui offrirai; si elle vous accepte,comme alors je n'aurai fait aucun tort à votre amour, je ne vous donnerai rien ; si elle vous refuse, les douze mille francs sont à vous.

Me BLAISE.

Alle me refusera, Monsieur, alle me refusera, le ciel m'en fera la grâce, à cause de vous qui le désirez.

LUCIDOR.

«Prenez garde, je vois bien qu'à cause des douze mille francs, vous ne demandez déjà pas mieux que d'être refusé.

Me BLAISE.

Hélas! peut-être bian que la somme m'étourdit un petit brin; j'en sis friand, je le confesse, alle est si consolante!

LUCIDOR.

«Je mets cependant encore une condition à notre marché, c'est que vous feigniez de l'empressement pour obtenir Angélique, et que vous continuiez de paraître amoureux d'elle.

Me BLAISE.

Oui, monsieur, je serons fidèle à ça; mais j'ons bonne espérance de n'être pas daigne d'elle, et mêmement j'avons opinion, si elle osait, qu'elle vous aimerait plus que personne.

LUCIDOR.

«Moi, maître Blaise, vous me surprenez, je ne m'en suis pas aperçu, vous vous trompez; en tout cas, si elle ne veut pas de vous, souvenez-vous de lui faire ce petit reproche-là, je serais bien aise de savoir ce qui en est, par pure curiosité.

Me BLAISE.

En n'y manquera pas, en li reprochera devant vous drès que monsieur le commande.

LUCIDOR.

« Et comme je ne vous crois pas mal-à-propos glorieux,

vous me ferez plaisir aussi de jeter vos vues sur Lisette, que sans compter les douze mille francs, vous ne vous repentirez pas d'avoir choisie, je vous en avertis.

Me BLAISE.

Hélas! il n'y a qu'à dire, en se revirera itou sur alle, je l'aimerai par mortification.

LUCIDOR.

« J'avoue qu'elle sert madame Argante; mais elle n'est pas de moindre condition que les autres filles du village.

Me BLAISE.

Eh voirement, elle en est née native.

LUCIDOR.

« Jeune et bien faite d'ailleurs.

Me BLAISE.

Charmante, Monsieur varra l'appétit que je prends déjà pour alle.

LUCIDOR.

« Mais je vous ordonne une chose; c'est de ne lui dire que vous l'aimez, qu'après qu'Angélique se sera expliquée sur votre compte; il ne faut pas que Lisette sache vos desseins auparavant.

Me BLAISE.

Laissez faire à Blaise; en li parlant, je li dirai des propos où elle ne comprendra rin; la vela, vous plaît il que je m'en aille?

LUCIDOR.

« Rien ne vous empêche de rester.

MARIVAUX.

LE BARBIER DE SEVILLE.

ACTE II.

SCÈNE VIII.

BARTHOLO, DON BAZILE.

BARTHOLO.

Ah ! don Bazile, vous veniez donner à Rosine sa leçon de musique ?

BAZILE.

C'est ce qui presse le moins.

BARTHOLO.

J'ai passé chez vous sans vous trouver.

BAZILE.

J'étais sorti pour vos affaires Apprenez une nouvelle assez fâcheuse.

BARTHOLO.

Pour vous ?

BAZILE.

Non, pour vous. Le comte Almaviva est en cette ville.

BARTHOLO.

Parlez bas. Celui qui faisait chercher Rosine dans tout Madrid ?

BAZILE.

Il loge à la grande place, et sort tous les jours déguisé.

BARTHOLO.

Il n'en faut point douter, cela me regarde. Et que faire?

BAZILE.

Si c'était un particulier, on viendrait à bout de l'écarter.

BARTHOLO.

Oui, en s'embusquant le soir, armé, cuirassé...

BAZILE.

Bone Deus ! Se compromettre ! susciter une méchante affaire, à la bonne heure ; et pendant la fermentation calomnier à dire d'expert ; *concedo.*

BARTHOLO.

Singulier moyen de se défaire d'un homme.

BAZILE.

La calomnie, Monsieur ! vous ne savez guère ce que vous dédaignez ; j'ai vu les plus honnêtes gens près d'en être accablés. Croyez qu'il n'y a pas de plate méchanceté, pas d'horreurs, pas de conte absurde, qu'on ne fasse adopter aux oisifs d'une grande ville en s'y prenant bien ; et nous avons ici des gens d'une adresse !... D'abord un bruit léger rasant le sol comme l'hirondelle avant l'orage, *pianissimo*, murmure et file et sème en courant le trait empoisonné, telle bouche le recueille, et *piano*, *piano* vous le glisse en l'oreille adroitement. Le mal est fait; il germe, il rampe, il chemine, et *rinforzando* de bouche en bouche il va le diable, puis, tout-à-coup, ne sait comment, vous voyez la calomnie se dresser, siffler, s'enfler, grandir à vue d'œil. Elle s'élance, étend son vol, tourbillonne, enveloppe, arrache, entraîne, éclate et tonne ; et devient, grâce au ciel, un cri général, un *crescendo* public ; un chorus universel de haine et de proscription. Qui diable y résisterait ?

BARTHOLO.

Mais quel radotage me faites-vous là, Bazile? Et quel rapport ce *piano crescendo* peut-il avoir à ma situation ?

BAZILE.

Comment! quel rapport? Ce qu'on fait partout pour écarter son ennemi, il faut le faire pour empêcher le vôtre d'approcher.

BARTHOLO.

D'approcher, je prétends bien épouser Rosine, avant qu'elle apprenne seulement que ce comte existe.

BAZILE.

En ce cas, vous n'avez pas un instant à perdre.

BARTHOLO.

Et à qui tient-il, Bazile? je vous ai chargé de tous les détails de cette affaire.

BAZILE.

Oui. Mais vous avez lésiné sur les frais ; et dans l'harmonie du bon ordre, un mariage inégal, un jugement inique, un passe-droit évident, sont des dissonances qu'on doit toujours préparer et sauver par l'accord parfait de l'or.

BARTHOLO (*lui donnant de l'argent*).

Il faut en passer par où vous voulez ; mais finissons.

BAZILE.

Cela s'appelle parler. Demain tout sera terminé ; c'est à vous d'empêcher que personne, aujourd'hui ne puisse instruire la pupille.

BARTHOLO.

Fiez-vous à moi. Viendrez-vous ce soir?

BAZILE.

N'y comptez-pas. Votre mariage seul m'occupera toute la journée; n'y comptez pas.

BARTHOLO *l'accompagne.*

Serviteur.

BAZILE.

Restez, docteur, restez donc.

BARTHOLO.

Non pas. Je veux fermer sur vous la porte de la rue.

BEAUMARCHAIS.

LADY TARTUFE.

ACTE IV.

SCÈNE VIII.

HECTOR, LA COMTESSE.

(La comtesse se laisse tomber sur un fauteuil à droite et sanglotte.

HECTOR, *avec violence, la regardant pleurer.*

Mais vous croyez donc tout ça, vous!...

LA COMTESSE.

Monsieur de Renneville, je vous rends votre parole... vous êtes libre.

HECTOR, *indigné.*

Je n'en veux pas de ma liberté... Je vous dis, madame, que votre fille est innocente, et je ne comprends pas que vous en doutiez, vous, sa mère!... Eh bien! moi qui ne l'ai pas connue enfant, moi qui ne l'ai point portée sur mes bras à son berceau, moi qui n'ai pas vu, comme vous, croître sa beauté, s'épanouir sa jeune âme, se développer sa jeune et brillante imagination, sa pensée si noble, si pure, moi qui la connais à peine, je la déclare, je la juge, je la sens innocente.

LA COMTESSE.

Vous l'aimez, et l'amour...

HECTOR.

L'amour ne cherche pas à se flatter dans la jalousie; au contraire, il est avide de soupçons, et pour que moi, qui devrais douter, j'aie foi malgré l'évidence, oh! je reconnais l'évidence! c'est que la vérité me frappe, m'inspire et me rend lucide malgré tout.

LA COMTESSE.

Ce récit... l'attachement de Léonard pour notre famille, pour cette enfant qu'il lui faut accuser...

HECTOR.

Léonard a mal vu, c'était une autre femme, quelque jeune fille qui avait intérêt à le tromper...

LA COMTESSE.

Léonard ne pouvait confondre ma fille avec une autre, et pour qu'il certifie l'avoir reconnue, il faut qu'il l'ait bien observée et vue positivement.

HECTOR.

Ainsi vous la croyez coupable?

LA COMTESSE.

Coupable, non; mais victime d'un misérable qui aura voulu se venger sur elle des humiliations que la marquise de Clairmont lui avait fait endurer. On savait qu'on ne pouvait atteindre la vieille marquise que dans sa tendresse pour Jeanne; c'était sa filleule, son héritière, la pauvre femme l'idolâtrait. Eh! mon Dieu! il en est ainsi de tous ceux qui la connaissent ! elle est si charmante, vous comprenez cela vous-même, vous la voyez depuis deux mois seulement... et...

HECTOR.

Je l'adore... mais si je l'ai adorée si vite, c'est pour sa candeur ; non, vous dis-je, elle est innocente, faites-la venir et interrogez-la.

LA COMTESSE.

C'est ce que je vais faire (*Elle remonte et passe à gauche*). Mais comment l'interroger ? je ne voudrais pas... Je ne sais quelles questions lui adresser... Je crains de l'éclairer...

HECTOR, *vivement*.

Ah ! vous voyez bien que vous ne la croyez pas coupable ! Rassemblez tout votre courage et faites-la demander.

LA COMTESSE.

Tout de suite. Mais vous voulez rester ?

HECTOR.

Certainement.

LA COMTESSE.

Vous la troublerez peut-être ?

HECTOR.

Au contraire, je lui donnerai de l'assurance ; moi je suis de son parti.

LA COMTESSE.

Croyez-vous donc que je suis contre elle ?

HECTOR.

Vous doutez.

LA COMTESSE, *à part.*

Cher Hector, il tremble encore plus que moi.

HECTOR.

Ah ! je suis impatient de l'entendre ; j'en ai la fièvre. (*Il sonne à gauche*).

LA COMTESSE, *à un domestique qui paraît.*

Mademoiselle Jeanne? (*Le domestique sort par la droite*). Elle est là dans ma chambre, elle essaie les robes de son trousseau. — Par quoi commencer ce triste interrogatoire? comment aborder ce pénible sujet ?

HECTOR.

Demandez-lui d'abord si elle connaît ce monsieur.

LA COMTESSE.

Non, oh ! non, ce serait l'avertir de l'importance que nous attachons à ses réponses. Non, tenez, prenez un journal, et faites comme si nous causions des nouvelles qu'il donne... Je l'entends... Oh ! je me sens frissonner!

SCÈNE IX.

HECTOR, *assis à la table*, LA COMTESSE, *sur le canapé*, JEANNE.

(Jeanne, habillée pour le soir, robe blanche, entre en attachant ses nœuds, ses bracelets, et se place debout devant la table à droite.

JEANNE.

J'ai essayé toutes mes robes. Il y en a deux en velours

une verte et une noire... et elles me vont!... Ah! la robe verte surtout. Madame Camille le disait elle-même: «Cette robe là vous grandit de deux pouces et vous vieillit de dix ans! » J'ai l'air d'une vraie dame. Oh! quand j'aurai cette belle robe-là, on ne m'appellera plus la petite Jeanne...ce qui commence à m'ennuyer. Vous m'avez fait demander, maman? (*Elle va se placer derrière le canapé, entre Hector et sa mère qu'elle regarde.*) Comme tu es pâle! Est-ce que tu es malade?

LA COMTESSE.

Non, mon enfant.

JEANNE.

Tu as l'air d'avoir du chagrin.

LA COMTESSE.

Je n'ai rien.

JEANNE, *à Hector.*

Comme maman est triste! Est-ce qu'il m'est arrivé un malheur?

HECTOR.

Non, mais vous allez vous marier, et c'est toujours un chagrin pour une mère que de marier sa fille.

JEANNE.

Pourquoi? (*Venant à la gauche de la comtesse*). Est-ce vrai, maman, que ça te fait de la peine que je me marie? Alors j'attendrai.

LA COMTESSE, *la faisant asseoir à côté d'elle.*

C'est une peine que je désire, ma chère Jeanne; mais le mariage est une chose sérieuse...

JEANNE.

Il faut être triste?

HECTOR.

Non, vous voyez bien que je suis joyeux, moi.

JEANNE.

Mais elle?

LA COMTESSE.

Donner sa fille à un mari, c'est se séparer d'elle, et cette séparation...

JEANNE, *vivement.*

Nous séparer! mais nous restons ensemble, n'est ce pas, Monsieur de Renneville?

LA COMTESSE.

Si ce n'est une véritable séparation, c'est au moins un partage: tu n'aimais que nous, et maintenant un autre va nous enlever la moitié de ton affection.

JEANNE.

Ah! pour ça, il faut vous y préparer; j'aimerai mon mari, j'y suis décidée... Mais je t'aimerai toujours de même; il n'y paraîtra rien. (*Elle baise la main de sa mère*).

LA COMTESSE, *bas à Hector.*

Je suis comme vous; quand je l'écoute, je me rassure.

HECTOR, *bas à la comtesse.*

Moi, je n'ai plus aucune crainte. Amenez vite le nom de ce monsieur.

LA COMTESSE, *de même.*

Oui. . vous, regardez la. (*Haut à Jeanne, admirant sa coiffure.*) Comme tu es belle, pourquoi t'es-tu parée ainsi?

JEANNE.

Pour dîner chez mon oncle.

LA COMTESSE, *troublée*

Ah!

JEANNE.

Vous l'avez oublié... c'est aujourd'hui mercredi; et il vient maintenant chez lui tant de monde le soir!

LA COMTESSE, *embarrassée.*

En effet, j'avais oublié de te dire que nous ne dînerions pas aujourd'hui chez le maréchal... Il est souffrant... il ne recevra personne.

JEANNE.

Pauvre oncle! nous irons savoir de ses nouvelles après dîner.

LA COMTESSE.

Non, il veut être seul. (*Elle fait signe à Hector.*)

JEANNE.

Tout seul?

LA COMTESSE.

Non, il veut rester à causer tranquillement avec un de ses anciens amis, un ami que ta chère grand'mère n'aimait guère, et qu'elle n'a jamais voulu recevoir, l'ancien préfet de Blois, M. Valleray. Tu t'en souviens; il passait souvent à cheval sous nos fenêtres avec son fils? (*Bas à

Hector). Elle se trouble (*Haut*). Tu ne te rappelles pas Charles Valleray ? Un grand jeune homme blond ?...

JEANNE.

Et mon oncle, lui, ne le déteste donc pas ?

LA COMTESSE.

Au contraire, il était souvent en querelle avec la vieille marquise, parce qu'elle lui disait de lui et de son père beaucoup de mal. Mais M. Valleray lui-même savait bien que nous autres nous n'étions pas ses ennemis, et son fils prétendait que toi, Jeanne, toi... tu étais particulièrement bienveillante pour lui.

JEANNE.

Ah ! il a dit cela.

LA COMTESSE.

On prétend même qu'il a raconté que pendant que j'étais malade, malade à la mort, ce qui expliquerait parfaitement cette démarche, il est venu savoir de mes nouvelles, et que c'est toi qui lui en as donné...

JEANNE, *embarrassée*.

Non, maman, jamais M. Charles Valleray n'est venu demander de vos nouvelles...

LA COMTESSE.

J'en étais sûre, tu me l'aurais dit. Et vois, ma petite Jeanne, vois comme on invente ! quelqu'un assure vous avoir vus, un soir, ensemble dans le jardin.

JEANNE, *vivement et se levant*.

On nous a vus !

LA COMTESSE, *se trahissant et se levant aussi.*

C'est donc vrai?

JEANNE

Et qui est-ce qui nous a vus?

LA COMTESSE.

Mais c'est donc vrai, c'est donc vrai, malheureuse!

HECTOR, *qui s'est levé, bas à la comtesse.*

Calmez-vous.

LA COMTESSE, *d'une voix plus douce.*

Pourquoi ne m'as-tu pas conté cela, mon enfant?

JEANNE, *gravement.*

Parce que c'était mal.

LA COMTESSE.

Ainsi, tu avais le sentiment de ton... imprudence?

JEANNE.

Quelle imprudence? Il m'avait fait jurer de garder le secret, et j'ai tenu ma promesse.

LA COMTESSE.

Tu as eu raison, ma fille. Il faut toujours, toujours tenir ses serments. Mais explique-moi cette histoire-là; il faut qu'on me l'ait mal racontée. On m'a dit qu'on t'avait vue seule avec M. Charles Valleray dans le jardin, il y a un an au mois d'août; on a même précisé la date, la nuit du 28 au 29 août, il y a un an...

JEANNE.

Non maman, ce n'est pas ça...

LA COMTESSE.

Ah ! je le disais bien...

JEANNE.

C'est la nuit du 27 au 28.

LA COMTESSE.

On t'a vue dans le jardin avec... M. Charles Valleray. Tu lui as ouvert toi-même la petite porte qui donne sur la prairie, et lui en te quittant comme pour te remercier du service que tu lui rendais, il s'est montré très-affectueux... pour toi...

JEANNE.

Lui ? non, il m'a seulement baisé la main ; mais c'est moi qui le caressais beaucoup.

LA COMTESSE.

Toi ! toi ! mais pourquoi donc ?

JEANNE.

Il le fallait bien, sans cela nous étions perdus.

LA COMTESSE, *bas à Hector.*

Ah ! c'est à en devenir folle !

HECTOR, *bas à la comtesse, cherchant à la calmer.*

Contraignez vous, regardez-la ; voyez comme elle est sûre d'elle. (*La comtesse remonte la scène et redescend à la gauche de Jeanne. — A Jeanne, essayant de sourire.*) Voyons, Mademoiselle, expliquez-nous donc un peu pourquoi vous traitiez si bien ce beau jeune homme ?

JEANNE.

Ah ! le jaloux ! Je vais vous expliquer cela ; c'est bien

simple... C'est que je voulais empêcher... mais non, je vais reprendre toute l'histoire du commencement. Je vous ai déjà dit que c'était le 28 août; ma mère était dangereusement malade depuis trois semaines, oh! bien mal, et depuis deux jours elle avait le délire, elle ne nous reconnaissait plus; elle avait de grands yeux brillants qui ne voyaient plus rien; elle me criait à moi d'un air égaré, quand je m'approchais d'elle: va-t'en, va-t'en! ta présence m'est odieuse! » Elle me disait cela à moi, moi? Jugez comme elle était malade! On désespérait d'elle, on levait les mains au ciel, on parlait tout bas devant moi, et, en me regardant, on se disait déjà: « Pauvre enfant! » Oh! c'était affreux!... Enfin, vers le soir de ce jour-là, elle se calma un peu, et le médecin, — qui l'a sauvée, — nous dit que si ce calme pouvait durer, si la malade pouvait dormir seulement trois ou quatre heures, il répondrait d'elle. Après tant de jours de désespoi r, ctte bonne parole nous rendit tout notre courage. M. Lhomond s'en alla, et quelques minutes après son départ, maman s'endormit doucement. Alors, sans nous parler, sans oser respirer à peine, nous faisons toutes les trois, la vieille Thérèse, Fanny et moi, nos préparatifs pour la nuit. Thérèse s'établit dans un bon fauteuil pour dormir; Fanny, qui avait déjà passé quinze nuits près de maman, et qui ne s'est jamais remise de cette fatigue-là... Dès que maman a été mieux, elle est tombée malade, et elle a été forcée de nous quitter... Elle est venue l'autre jour, elle va partir...

LA COMTESSE.

Mais laisse donc Fanny de côté et va vite.

Fanny va se coucher sur son lit, et moi je me mets à prier. Oh! comme j'ai bien prié cette nuit-là! je n'avais pas de distractions comme à la messe va!... Le silence était si grand qu'on n'entendait rien que le mouvement de la pendule; alors l'idée me vint que l'heure allait sonner, et que le bruit de la sonnerie retentissant tout à coup dans ce profond silence pourrait réveiller la malade, je me levai, et marchant sur la pointe du pied, j'allai vers la cheminée et j'arrêtai la pendule. A peine avais-je fini que j'entendis au fond du jardin César, le gros chien de garde, qui aboyait comme un furieux... Sa voix ne grondait encore que dans le lointain, mais je l'entendais qui se rapprochait, qui se rapprochait... Oh! mon Dieu, pensais-je, il va venir faire son vacarme sous les fenêtres de maman, elle se réveillera, et tout ce bon sommeil sera perdu. Sans réfléchir à ce que je faisais, je prends une petite lampe qui était sur la table, je regarde Thérèse... elle n'avait rien entendu... d'ailleurs, César ne l'aime pas, il ne l'aurait pas écoutée... et vite je descends l'escalier. Je me disais bien: « Ce sont peut-être des voleurs, » mais je n'avais pas peur. Oh! j'ai du courage, moi! j'ouvre la porte, et qu'est-ce que je vois sur la terrasse?... Ce méchant César, qui dévorait un grand jeune homme!... Tant qu'il le mordait, il n'y avait pas de danger, il n'aboyait pas; mais le jeune homme avait une grosse canne et frappait fort, et je voyais le moment où César allait lâcher prise; c'est alors qu'il aurait hurlé et réveillé toute la maison. Il n'y avait pas une minute à perdre. Aussi, je m'approche de M. Vallcray, — je l'avais reconnu, — et je lui dis : « Monsieur, prenez-moi vite la main et faites-moi beaucoup d'amitiés. » M. Valleray comprit tout de suite que je venais à son secours, il saisit ma main, et alors je lui parlai très-doucement en le câlinant comme ça... (*Elle prend vivement la main d'Hector et s'appuie sur son épaule, puis elle se trouble et s'éloigne de lui.*) Avec vous je n'ose pas; c'est singulier... Toi, maman... (*Elle pose sa main sur l'épaule de sa mère et la caresse.*) Comme ça, en disant : « Ce bon M. Charles Valleray, je le connais; c'est « un de nos amis, nous l'aimons bien, il ne faut pas lui « faire de mal, ni aboyer après lui. César, ne te fâche pas, « tu vois bien que c'est un de nos amis... » Enfin toutes sortes de bêtises qui firent une grande impression sur l'esprit de César, car il lâcha enfin ce pauvre jeune homme. J'allai chercher la clef de la petite porte du jardin, et je reconduisis M. Valleray, en lui tenant toujours la main bien affectueusement, parce que ce vilain César avait encore l'air très-maussade, et que je me méfiais de lui; et vite je suis revenue à la maison. Oh! comme j'étais inquiète en remontant l'escalier. Je tremblais, j'avais peur d'entendre ta voix et de te trouver réveillée. Je suis rentrée chez toi tout doucement! je me suis approchée de ton lit... oh! maman, quel bonheur! Dieu avait eu pitié de moi, tu dormais?...

Madame de GIRARDIN.

VALÉRIE.

ACTE PREMIER.

SCÈNE IV.

HENRI, VALÉRIE, *conduite par* AMBROISE.

VALÉRIE.

Henri, êtes-vous là ?

HENRI.

Oui, sans doute ; et je désirais bien vous voir.

VALÉRIE.

Eh ! vite, Ambroise, conduis-moi de ce côté ! (*Lui tendant la main*). Bonjour, mon ami. Je vous ai fait attendre, ce n'est pas ma faute, je ne vais pas aussi vite que je le voudrais !

AMBROISE.

Oh ! vous allez encore un bon pas, surtout pour moi. Qui m'aurait jamais dit qu'à soixante-six ans je serais le conducteur d'une jeune et jolie fille telle que vous?

VALÉRIE, *gaiement.*

Comme ma cousine me le lisait l'autre jour dans cet opéra français de Richard ; tu es mon Antonio.

AMBROISE.

Oui... Un Antonio caduc.

VALÉRIE.

Tant mieux... Ta vieillesse me permet de m'acquitter envers toi... Tu me guides, et je te soutiens.

AMBROISE.

Si vous vouliez bien... vous pourriez un jour vous guider vous-même... Vous avez beau dire, je n'ai pas perdu tout espoir.

VALÉRIE.

Mon bon Ambroise, ne parlons pas de cela, je t'en prie, tu sais bien que les gens les plus habiles de ce pays ont déclaré que c'était impossible.

AMBROISE.

Vous croyez peut-être que j'en impose.

VALÉRIE.

Non certainement... mais que je ne te retienne pas. Ambroise. . Je n'ai plus besoin de toi.

AMBROISE.

Merci, mademoiselle; car on vient de nous donner des ordres pour ce comte de Halzbourg qu'on attend... Ce seigneur qui vient, dit-on, pour épouser madame, et c'est tout au plus si j'aurai le temps nécessaire. *Il sort.*

SCÈNE V.

VALÉRIE, HENRI.

HENRI.

Enfin, il est parti !

VALÉRIE.

Eh bien...., que me voulez-vous ?

HENRI.

Vous venez de l'apprendre .. on attend ce comte de Halzbourg, l'un des plus grands seigneurs de l'Allemagne... un millionnaire, et moi qui n'ai d'autre fortune qu'une modeste place...

VALÉRIE.

Eh bien! qu'importe ?

HENRI.

Qu'importe?... il veut plaire à Caroline ; il vient pour l'épouser, et vous ne savez pas que je l'aime... que je l'adore.... que personne ne s'en est encore aperçu?

VALÉRIE.

Excepté moi...

HENRI.

Comment, il serait possible ?

VALÉRIE.

Oui. Depuis quelques jours vous êtes triste.... silencieux... aucun plaisir ne paraît vous toucher.., alors j'ai réfléchi... je me suis rappelé...

(*Elle a l'air de tomber dans une profonde rêverie*).

HENRI.

Eh bien! avez-vous jamais connu quelqu'un de plus malheureux que moi?... Si du moins Caroline savait mon amour !... J'aurais presque le droit de la défendre, de disputer son cœur... Je serais trop heureux de l'arrivée de ce comte de Halzbourg; mais en ce moment, comment aller le défier? comment lui contester le titre d'époux, moi qui n'ai pas même celui d'amant! Il faudra donc être témoin d'un bonheur auquel je n'ai pas le droit de m'opposer. Non... je veux oublier Caroline... je veux la fuir et m'éloigner à jamais.

VALÉRIE.

Vous éloigner!.. croyez-moi, mon ami..., c'est un mauvais moyen, l'absence ne fait rien sur un amour véritable... Vous ne l'oublierez pas, et vous serez plus malheureux!

HENRI.

Que dites-vous, Valérie? vous parlez de ces tourments comme si vous les aviez éprouvés. Quelqu'un que vous aimez serait-il loin de vous?

VALÉRIE, *avec émotion.*

Il n'est pas question de cela..... C'est de vous qu'il s'agit...

HENRI.

D'où vient donc ce trouble... cette émotion... mon récit vous a rappelé quelques souvenirs douloureux !... Oui, vous avez des peines, et vous craignez de me les confier. Caroline a-t-elle seule le droit de les connaître?

VALÉRIE.

Caroline ne sait rien ; elle qui n'a pas su deviner vos chagrins, aurait-elle pu comprendre les miens?

HENRI.

Moi, du moins..... je suis digne de les partager. Cet espoir seul peut me retenir en ces lieux ; mais si vous me refusez votre amitié, votre confiance, je pars à l'instant même.

VALÉRIE.

Vous partez ! faut-il vous perdre aussi, vous qui êtes maintenant mon seul ami... vous partez si je ne vous confie mes chagrins ! que me demandez vous ? le cours de mon existence offre si peu d'intérêt !... Ignorant toujours ce qui se passe autour de moi, je ne puis dire que ce que j'éprouve, et l'histoire de ma vie est celle de mes sensations, de mes sentiments... Est-ce là ce que vous voulez connaître?

HENRI.

Oui, sans doute.

VALERIE.

Eh bien donc, orpheline dès mon bas âge, j'ai gardé de mon enfance un souvenir confus et extraordinaire... Il me semble qu'il y a bien longtemps que j'habitais un autre monde dont mon esprit n'a conservé aucune idée fixe; si ce n'est que nous étions plusieurs, et que tout-à-coup je me suis trouvée seule!... Depuis, jamais rien de pareil à ce premier souvenir ne s'est offert à moi ! J'étais élevée à Olbruk... au château de la comtesse de Rinsberg, avec Emilie sa fille, qui était à peu près de mon âge. Les premiers mots qui fixèrent mon attention furent ceux-ci, que j'entendais souvent répéter : pauvre enfant ! quel dommage ! ce qui me fit supposer que je devais être malheureuse, car jusque-là je ne demandais rien, je ne désirais rien!.. Je ne pensais pas! Nous avions quinze ou seize ans lorsqu'à une fête publique qui avait lieu à Olbruk, je me trouvai avec Emilie, séparée du reste de notre société et entourée de jeunes gens qui ne craignirent pas de nous insulter. Emilie s'évanouit, et je me sentais mourir d'effroi, lorsqu'un jeune homme s'élance auprès de nous et prend notre défense! Ah! que sa voix fut douce à mon oreille, tandis qu'il cherchait à nous rassurer! qu'elle me parut fière et menaçante, lorsqu'il ordonna à nos adversaires de nous livrer un passag . J'entendais des injures... un défi... et tout-à-coup se fit un grand silence ; il était interrompu par un bruit sinistre et inconnu, une espèce de cliquetis qui me glaçait de frayeur... En ce moment un instinct secret semble m'avertir qu'un grand danger menaçait notre défenseur! je m'élançai au-devant de lui, en lui tendant les bras... j'éprouvai une douleur aiguë qui me fit froid, et puis je ne sentis plus rien.

HENRI.

O ciel! vous étiez blessée!

VALÉRIE.

Dangereusement, à ce que j'ai su depuis! hélas! c'était lui qui, sans le vouloir... Mais jugez de mon bonheur! cet évènement avait mis fin au combat, et peut-être sauvé ses jours... Quelques semaines après, quand je revins à la vie. . Ernest... (*se tournant vers Henri*), il se nomme Ernest, était installé au château ; il donnait à la comtesse Emilie des leçons de français et d'italien dont je profitais aussi. Avec quel enthousiasme il nous parlait des beaux-arts et de l'amour de la science! le feu de ses discours, sa brillante imagination, ouvrirent un monde nouveau devant moi.... Alors j'existai. Ces objets inconnus dont il me retraçait l'image... étaient tous vivants, animés... Oui, ce beau ciel, ces ruisseaux écumants, ces tapis de verdure dont il me parlait,... je les ai vus!... je voyais quand il était là...

HENRI.

Eh bien! qu'est-il devenu?

VALÉRIE.

Depuis trois ans... il était mon guide, mon ami! Tandis que ses nobles récits développaient mon esprit..... élevaient mon âme. . son amitié attentive veillait sans cesse autour de moi. — J'aurais reconnu sa démarche, le bruit de ses pas... Dans le salon où il entrait, je devinais sa présence... On s'effraya sans doute d'un si tendre attachement, car la comtesse de Rinsberg et sa fille ne me quittèrent plus d'un seul instant! nous ne pouvions plus nous entendre!... Chaque matin seulement, en signe de son amitié, il me donnait un bouquet que je lui rendais le soir après l'avoir porté toute la journée... c'était là notre seul entretien! enfin un jour il me dit: Valérie, je quitte ce château, l'honneur le veut; mais je reviendrai, ma vie est avec toi! Alors je crus mourir! je sentis avec désespoir la nuit éternelle qui couvrait mes yeux! Il partait... il ne me laissait rien... pas même son image!

HENRI.

Pauvre Valérie!

VALÉRIE.

J'errais en vain dans ces allées que nous avions parcourues ensemble... sous ces ombrages, près de ces ruisseaux... Hélas! je ne voyais plus! A cette époque, mon aimable cousine, madame Blumfeld, vint au château de Rinsberg, fut touchée de mon amitié, m'accorda la sienne et m'amena avec elle dans ces lieux où je croyais trouver la tranquillité, et où je n'ai rencontré que des souvenirs, des regrets... Croyez-moi, mon ami... le malheur... c'est l'absence.

SCRIBE et MELESVILLE.

L'ECOLE DES VIEILLARDS.

ACTE IV.

SCÈNE IV.

DANVILLE, HORTENSE, assise auprès de la table ; elle a saisi un livre qu'elle semble lire.

DANVILLE, à part.

Valentin m'a dit vrai : ce trouble... il est ici.
Vous êtes seule, Hortense?

HORTENSE. (Elle se lève).

Ah ! c'est vous. Je respire...
J'attendais..... j'étais là... je... j'essayais de lire.

DANVILLE.

Ce livre vous émeut, et beaucoup, je le vois.

HORTENSE.

Mais... beaucoup, oui.

DANVILLE.

Donnez : Molière... ah ! je conçois !
Au fait, c'est très-touchant.

HORTENSE.

Non, j'avais pris ce livre.
Je ne le lisais pas, je parcourais..... sans suivre.

DANVILLE.

J'entends, et pour vous voir personne n'est venu?

HORTENSE, vivement.

Le ministre avec vous s'est-il entretenu ?

DANVILLE.

Il ne m'a point parlé Mais ce trouble m'étonne.

HORTENSE.

Ah ! ce n'est rien; non, c'est...

DANVILLE.

Il n'est venu personne?

HORTENSE.

C'est que l'esprit frappé de vous savoir absent...
Je m'en inquiétais.

DANVILLE.

J'en suis reconnaissant ;
Oui, c'est moi qui vous trouble.

HORTENSE.

Hélas ! je dois vous craindre,
De moi, je le sens bien, vous avez à vous plaindre.

DANVILLE.

Pas du tout: en esclave à vous suivre réduit,
Captif dans un carrosse un bon quart de la nuit,
Coudoyé dans un bal, épuisé, hors d'haleine,
Je rentre, au désespoir d'une recherche vaine
Mon Dieu, c'est moins que rien.

HORTENSE.

Vous êtes irrité;
Accablez-moi, c'est juste, et je l'ai mérité.

DANVILLE.

Votre duc ! il m'a vu, mais sans me reconnaître;
Vous n'étiez plus présente, il a dû disparaître.

HORTENSE, prenant le brevet sur la table.

J'y songe! Ah ! mon ami... quoi! j'ai pu l'oublier !
Le ministre... lisez.

DANVILE.

Quel est donc ce papier?
(Il lit).

(A part).
La preuve est dans mes mains, je tremble de colère.
Et qui vous l'a remis ?

HORTENSE, timidement

Le Duc.

DANVILLE.

Au bal?

HORTENSE.

J'espère
Qu'avec plus de chaleur on ne peut vous servir.

DANVILLE.

Au bal?

HORTENSE.

Cette nouvelle aurait dû vous ravir.
Et...

DANVILLE, avec violence.

C'est au bal? Le Duc!... ma fureur se réveille;
Là, cent propos cruels ont blessé mon oreille.
Il ne vous quittait pas, vous suivant, vous parlant;
Il affichait pour vous un amour insolent,
Et fort de ma vieillesse....

HORTENSE, effrayée.

Ah! songez que nous sommes...

DANVILLE.

(Élevant la voix).

Tous deux seuls!.. Je le tiens pour le dernier des hommes

HORTENSE.

Monsieur!

DANVILLE, élevant la voix.

Pour un faux brave.

HORTENSE.

Ah ! Monsieur !

DANVILLE, de même.

Que ce bras
Peut châtier encor...

HORTENSE, qui se tourne involontairement vers le cabinet.

Monsieur, parlez plus bas !

DANVILLE, qui l'a suivie des yeux.

(A part)
Il est là.

HORTENSE.

Si vos gens venaient à vous entendre !

DANVILLE.

Scrupule très-prudent auquel je dois me rendre !
J'ai besoin de repos. Rentrez chez vous... Eh bien !
Vous n'obéissez pas, Hortense.

HORTENSE.

Et le moyen,
Quand nous restons fâchés, quand je suis au martyre.

DANVILLE.

Vous voulez demeurer? C'est moi qui me retire.
Adieu.

HORTENSE.

Danville !

DANVILLE.

Eh quoi?

HORTENSE.

Donnez-moi votre main.

Je suis coupable.

DANVILLE, vivement.

Vous !

HORTENSE.

Je le suis, et demain

Je veux faire à vous seul un aveu qui me coûte.

DANVILLE, avec colère.

Lequel? Expliquez vous. Parlez, j'attends, j'écoute...

HORTENSE.

Non, monsieur; non, demain, demain ; dans ce moment
Vous ne pourriez, je crois, l'entendre froidement.

DANVILLE.

A la bonne heure. Adieu.

HORTENSE.

Mais cet adieu me glace

Vous ne m'embrassez pas ce soir ?

DANVILLE. (Il l'embrasse).

(A part).

Oui. Quelle audace ;

(Il rentre dans son appartement dont il ferme la porte).

HORTENSE, qui l'observe, fait un pas vers le cabinet et dit en sortant :

Il pourra s'échapper !

SCÈNE V.

DANVILLE, revenant vivement sur la scène.

Je suis seul, son erreur
Laisse enfin un champ libre à ma juste fureur!

SCÈNE VI.

DANVILLE, LE DUC.

DANVILLE, courant ouvrir le cabinet.

(A voix basse)
Sortez, c'est trop longtemps éviter ma présence
Venez.

LE DUC.

Que voulez-vous?

DANVILLE.

Punir votre insolence.

LE DUC.

Qui, vous?

DANVILLE.

Moi.

LE DUC.

Mais, Monsieur…

DANVILLE.

Quand? dans quel lieu? comment?

LE DUC.

Que votre sang plus froid se calme un seul moment.

DANVILLE.

Ah ! ce peu que j'en ai, s'il est glacé par l'âge,
Bouillonne et rajeunit aussitôt qu'on l'outrage.
Vous m'avez confondu parmi ces vils époux
Qui, de tous méprisés, et bien reçus de tous,
Diffamés par l'affront moins que par le salaire,
Vivent du déshonneur qu'ils souffrent sans colère.

LE DUC.

Pourquoi le supposer, et qui vous le prouvait ?

DANVILLE.

Avant de le nier, reprenez ce brevet.
Tenez, prenez-le donc, tenez, je le déchire.
Je ne vous dois plus rien, et je puis tout vous dire.

LE DUC.

Du moins si mon amour, follement déclaré,
Offense un titre en vous qui dut m'être sacré,
Votre épouse innocente...

DANVILLE,

A quoi bon cette ruse ?

LE DUC.

Ma voix doit la défendre.

DANVILLE.

Et votre aspect l'accuse.

LE DUC.

Quand c'est moi qui l'atteste, ôsez-vous en douter ?

DANVILLE.

Quand c'est une imposture, osez-vous l'attester?

LE DUC.

Cette lutte entre nous ne saurait être égale.

DANVILLE.

Entre nous votre injure a comblé l'intervalle :
L'agresseur, quel qu'il soit, à combattre forcé,
Redescend par l'offense au rang de l'offensé.

LE DUC

De quel rang parlez-vous? si mon honneur balance,
C'est pour vos cheveux blancs qu'il se fait violence.

DANVILLE.

Vous auriez dû les voir avant de m'outrager.
Vous ne le pouvez plus quand je veux les venger.

LE DUC.

Je serais ridicule, et vous seriez victime.

DANVILLE.

Le ridicule cesse où commence le crime,
Et vous le commettrez; c'est votre châtiment.
Ah! vous croyez, messieurs, qu'on peut impunément,
Masquant ses vils desseins d'un air de badinage,
Attenter à la paix, au bonheur d'un ménage.
On se croyait léger, on devient criminel :
La mort d'un honnête homme est un poids éternel.
Ou vainqueur, ou vaincu, moi, ce combat m'honore,
Il vous flétrit vaincu, mais vainqueur plus encore.

Votre honneur y mourra. Je sais trop qu'à Paris
Le monde est sans pitié pour le sort des maris ;
Mais dès que leur sang coule, on ne rit plus, on blâme ;
Vous, ridicule! non, non : vous serez infâme!

LE DUC.

C'en est trop à la fin, et j'ai fait mon devoir :
Ma crainte fut pour vous, j'ai pu la laisser voir;
Mais, contraint de céder, je vais vous satisfaire
Vous êtes, je l'avoue, un bien digne adversaire.
Ah! pourquoi votre bras est-il donc aujourd'hui
D'un aussi noble cœur un aussi faible appui!

DANVILLE.

Ma vengeance par lui ne sera pas trompée.

LE DUC.

Votre heure ?

DANVILLE.

Au point du jour.

LE DUC.

Et votre arme ?

DANVILLE.

L'épée.

LE DUC.

Le lieu?

DANVILLE.

J'irai vous prendre

LE DUC.

Adieu, je vous attends.

DANVILLE.

Vous n'aurez pas l'ennui de m'attendre longtemps.

Casimir **DELAVIGNE.**

MÉDÉE.

ACTE PREMIER.

SCÈNE VI.

CRÉUSE, LYCAON, MÉLANTHÉ.

CRÉUSE, parlant à ses compagnes, et une corbeille à la main.

Oui ! je vais de ces dons consacrer la moitié...
Apercevant les enfants,
Oh ! les deux beaux enfants! c'est peut-être un présage !
Pauvres petits ! déjà suppliants! à votre âge !...
Tenez ! prenez ces pains, ces fruits délicieux...,
Ce qu'on donne aux souffrants, on le consacre aux dieux.
Mais comment êtes-vous venus sur cette terre?

LYCAON.

Dans un grand vaisseau.

CRÉUSE.

Seuls?

LYCAON.

Non.

CRÉUSE.

Avec votre père ?

LYCAON.

Notre père n'est plus avec nous.

CRÉUSE.

Et les dieux
De l'aspect d'une mère ont-ils privé vos yeux?
Je veux la remplacer.

LYCAON.

Nous avons notre mère
Elle veille sur nous.

CRÉUSE, regardant Lycaon.

Douce et tendre chimère !
[nom,]
Dans ses traits, dans sa voix, mon cœur, plein d'un seul
Mon cœur, qui le croirait ? retrouve encor Jason!

Elle l'embrasse.

LYCAON.

Comme vous m'embrassez ! vous m'aimez donc ?

CRÉUSE.

Sans doute!

LYCAON.

Ma mère l'avait dit...

CRÉUSE.

Votre mère ?

LYCAON.

Elle écoute,
Elle est là !

CRÉUSE.

Pourquoi donc vous fuir?

LYCAON.

Par amitié !
Pour les enfants tout seuls on a plus de pitié,
Dit-elle!

CRÉUSE.

Un pareil mot! ô dieux, où donc est-elle ?
Appelez-la !... Je sens que tout mon cœur l'appelle !

MÉDÉE, s'avançant.

Jeune fille, des dieux vos jours seront bénis,
Car les infortunés sont pour vous des amis.

CRÉUSE, à part, avec émotion.

Quel accent dans sa voix !... quel front de souveraine !
On voit une exilée, on devine une reine !

MÉDÉE, à ses enfants.

Présentez-lui ce voile aux splendides couleurs,
Ce don la touchera.

CRÉUSE.

Parlons de vos malheurs.

Ils me toucheront mieux ! Dites, infortunée !
Quelque parent cruel vous a-t-il détrônée.

MÉDÉE.

Mon malheur vient des dieux !

CRÉUSE.

De quel dieu ? d'Artémis ?
Je la prierai pour vous, son culte m'est permis :
De Neptune ? Il protége et Corinthe et mon père,
Nos offrandes iront apaiser sa colère...
Dites, quel est le dieu qu'il faut fléchir pour vous ?

MÉDÉE.

Du dieu qui me frappa rien n'arrête les coups...
C'est l'amour !

CRÉUSE.

Quoi ! l'amour ! l'amour ! Tout nous rassemble.
Parlez ! jamais deux cœurs ne battront mieux ensemble.

MÉDÉE.

Hélas ! l'amour pour vous est l'heureux fils du ciel,
Le dieu couronné, jeune, au sourire éternel ;
Pour moi, c'est l'envoyé des noires Euménides,
Et son front, pour parure, a des serpents livides.

CRÉUSE.

De l'amour je connais aussi les pleurs !

MÉDÉE.

Qui ? vous !

CRÉUSE.

Oui, moi !

MÉDÉE, avec affection.

Comment ! celui qui sera votre époux
N'est-il pas quelque ami de votre heureuse enfance?

CRÈUSE.

C'est un étranger, fort de sa seule vaillance.

MÉDÉE.

Comme moi !... Mais qui donc vous soumit à sa loi?

CRÈUSE.

Son malheur !

MÉDÉE.

Comme moi !

CRÉUSE.

Sa beauté !

MÉDÉE.

Comme moi !

CRÉUSE.

Son courage héroïque !

MÉDÉE.

Ah ! malheureuses femmes!
Toujours même destin brisera donc nos âmes,
Et le récit des maux qui frappent l'une au cœur,
Toujours des maux de l'autre est donc l'écho moqueur!

CRÉUSE.

En effet, entre nous, sous l'ombre qui nous cache,
Je sens comme une étrange et douloureuse attache,

MÉDÉE.

Moi de même!

CRÉUSE.

Eh bien, donc, ouvrez-moi votre cœur,
Et pour que je vous sauve, éclairez-moi .. ma sœur !

MEDÉE.

Que dire? Je vivais, innocente, adorée,
Heureuse! Un jour, s'avance en notre âpre contrée
Un jeune homme cherchant sous ce ciel étranger
Ce que cherche un héros, la gloire et le danger,
Il demande mon père... Il entre... O misérable !
Dieux cruels ! mal sacré ! Vénus impitoyable !
A son premier regard, avant qu'il eût parlé,
Une stupeur muette au cœur me prend ! Troublé,
Mon œil flotte au hasard : une âpre inquiétude
Me tourmente... mon corps fléchit de lassitude...
Je souffre!... Mais il parle!... et bientôt... et soudain
Un torrent de bonheur coule à flots dans mon sein !
Comme si quelque dieu m'eût jetée en délire,
Je sentais, malgré moi, ma bouche lui sourire,
Et, les yeux ardemment attachés à ses traits,
J'écoutais! j'aspirais! je regardais!... j'aimais!...

CRÉUSE.

Malheureuse !

MEDÉE.

Dès lors, je n'eus qu'une pensée,
Son salut ! Pour armer sa valeur insensée,
Il fallait dépouiller mon père... je le fis!

Trahir notre cité, nos dieux... je les trahis!
Mais que devins-je, hélas! quand, après sa victoire,
Il me dit tout en pleurs: Viens, je te dois ma gloire,
Viens! je t'aime, fuyons!

CRÉUSE.

Fuir le doux sol natal!

MÉDÉE

Va-t-en! disais-je, va! Notre amour est fatal!
Viens! me répondait-il, ou bien je meurs! Dans l'ombre
Je m'élance à travers le palais vaste et sombre,
Mais avec désespoir il s'attachait à moi,
Me répétant: Je meurs si je repars sans toi!
O nuit! terrible nuit! nuit d'adieux et d'alarmes!
Je les parcourais tous, en les baignant de larmes,
Ces lieux, ces lieux aimés, où pendant dix-sept ans
Mes jours avaient coulé comme un jour de printemps;
Je m'attachais aux murs, aux meubles de famille,
Je baisais à genoux mon lit de jeune fille,
Sanglotant et criant... Ah! pourquoi donc, pourquoi
Les dieux, héros fatal, t'ont-ils conduit vers moi?
Mais, hélas! quel surcroît d'angoisse et de misère,
Quand j'entrai dans la chambre où reposait ma mère!
Que je m'agenouillai, sans bruit, à ce chevet
Où près d'elle souvent mon sommeil s'achevait,
Et que tout à côté de sa tête si chère
Déposant mes cheveux en offrande... O ma mère!
Patrie!.. amis!.. parents!... êtres chers et sacrés,
Voyez, voyez mon sort, et vous pardonnerez!

Elle cache en pleurant sa tête dans ses mains.

Créuse cherche ce qu'elle peut faire pour calmer Médée, et, apercevant les enfants, elle les ramène près de leur mère; les enfants l'embrassent tendrement.

CRÉUSE.

Dans leur amour pour vous cherchez votre courage !
Voyez ! vous écartant les deux mains du visage,
Leur bouche va baiser la trace de vos pleurs.

MÉDÉE, les regardant.

C'est vrai, je suis ingrate !... Ah ! chers consolateurs !
Ils comprennent qu'un dieu créa dans nos misères
Les baisers des enfants pour les larmes des mères !

Les embrassant.

Je me sens plus tranquille ! Allez, allez, amis,
Déposez ces rameaux au temple d'Artémis !

LYCAON.

Oui, nous allons pour toi supplier la déesse.

Elle les embrasse de nouveau avec tendresse, et les enfants se dirigent vers le temple où ils entrent.

MÉDÉE, les regardant s'éloigner.

Hélas !... ce dernier bien, leurs baisers, leur tendresse,
Je les perdrai peut-être !

CRÉUSE.

O grands dieux !

MÉDÉE.

Ma douleur
Les lassera !... L'enfant a besoin de bonheur,
De joie !... Il n'est pas fait pour vivre dans les larmes,
Pour suivre et pour aimer les fronts chargés d'alarmes

Et lès cœurs irrités par d'éternels combats...
Le malheur aigrit!

CRÉUSE.

Mais...

MEDÉE.

Et puis je ne suis pas
Une fille des Grecs, je suis une barbare!
Ma tendresse elle-même est fougueuse, et s'égare
En transports dont l'ardeur effraie un cœur d'enfant...
Souvent je leur fais peur, même en les embrassant!

CRÉUSE.

Quel blasphème! des fils avoir peur de leur mère!

MEDÉE, d'une voix sombre.

Oh! c'est mon châtiment! La céleste colère
Pour me frapper à mort, en eux me frappera,
Et voilà les vengeurs qu'Erinnys choisira!

CRÉUSE.

Erinnys!

MEDÉE, avec agitation.

N'ai-je point parlé des Euménides,
D'amours poussant au crime, et sur mes traits livides
N'avez-vous donc pas vu ce signe de l'enfer,
Qu'au front du meurtrier imprime Jupiter?

CREUSE.

O ciel!

MEDÉE.

Vous frémissez... Enfant!... Eh! que serait-ce

Si je vous révélais la terreur qui m'oppresse ?
Faut-il parler ?... Eh bien !... je le sens, je le vois,
Je ne suis pas au bout !... une secrète voix,
Quand j'ai franchi ces murs, m'a dit : Tremble, coupable !
Tremble ! en ces lieux t'attend l'Euménide implacable !
Je sens courir dans l'air son souffle tout-puissant,
Et l'on respire ici comme une odeur de sang !

CRÉUSE.

Où vous égarez-vous ? Quelle crainte insensée ?...

MEDÉE.

Ah ! c'est qu'un doute horrible, une atroce pensée
Dans mon cœur, malgré moi, comme un éclair a lui.

CRÉUSE.

Comment ?

MEDÉE.

Connaissez-vous la jalousie ?

CRÈUSE.

Oh ! oui !

MEDÉE, souriant tristement.

Vous, jalouse !.. De quoi ?

CRÈUSE.

Du passé.

MEDÉE.

Dans votre âme
Mon secret peut descendre alors... vous êtes femme !
Eh bien, parfois un vague et douloureux soupçon

Me dit : Si son absence était un abandon ?
Si, pendant qu'éperdue et mourant de détresse,
Sur sa trace, en pleurant, je parcourais la Grèce,
Pendant que chaque jour, au seul bruit de sa mort,
Je souffre des tourments plus grands que le remord,
Il vivait, lui, tranquille, aux pieds d'une autre femme ?
S'il l'aimait ! l'épousait !...

CRÉUSE.

Oh ! ce serait infâme !

MÉDÉE.

N'est-ce pas ?... Eh bien ! donc, depuis que dans mon sein
Ce doute a pénétré, je n'ai plus qu'un dessein.
A travers les cités j'erre comme une louve,
Je les cherche...

CRÉUSE.

J'ai peur !

MÉDÉE.

Si jamais je les trouve !...

CRÉUSE.

Que leur feriez-vous donc ?

MÉDÉE, avec une fureur croissante.

Ce que je leur ferais !...
Que fait le léopard, lorsqu'au fond des forêts,
Saisi d'une terrible et rugissante joie,
D'un bond, comme la foudre, il tombe sur sa proie,
Qu'il l'emporte en son antre, et que là, dépeçant
Membre à membre ce corps qui ruisselle du sang...

CRÉUSE, avec un cri d'horreur.

Ah!

MÉDÉE, avec dédain.

Que disiez-vous donc que vous étiez jalouse ?

CRÉUSE, avec le plus grand trouble.

Pardonnez !... J'en conviens, votre fureur d'épouse,
Votre voix, vos regards, tout me glace d'effroi,
Et cependant vers vous je reviens malgé moi.

Avec une sorte de terreur.

Notre conformité de destin continue !...
Comme vous, je déteste une femme inconnue !

MÉDÉE.

Vous !

CRÉUSE.

Par delà des mers elle a fui, je le croi,
Et pourtant son image est toujours devant moi.

MÉDÉE.

Votre époux l'aime encore ?

CRÉUSE.

Oh ! non ! il me l'assure !

MÉDÉE.

Que vous importe alors ?

CRÉUSE.

Toujours je me figure
Qu'en dépit des déserts, des mers et des remparts,
Elle va tout à coup paraître à mes regards !

Et que son art maudit, des philtres que j'ignore,
M'arracheront vivante à celui que j'adore...

MÉDÉE.

Quelles terreurs d'enfant!

CRÉUSE.

Si vous saviez son nom!

MÉDÉE.

Quel est ce nom fatal?

CRÉUSE.

Vous le dire?... Oh! non!
Parlez, vous.

MÉDÉE.

J'y consens. Il est une merveille
Dont le récit peut-être a frappé votre oreille?
La toison d'or!

CREUSE, avec un commencement de crainte.

Eh bien!

MÉDÉE.

On vous parla souvent...

SCÈNE VII.

LES MÊMES, ORPHÉE.

ORPHÉE.

Venez, Créuse!

Apercevant Médée.

Vous!

MEDÉE, avec un cri.

Orphée !

Courant à lui.

Est il vivant ?

ORPHÉE.

Vous !

MEDÉE.

Parlez !

ORPHÉE.

Écoutez !. .

MÉDÉE.

Que veut-on que j'écoute ?...
Un seul mot, un seul mot, est-il vivant ?

ORPHÉE, éperdu.

Sans doute !

MEDÉE, avec joie.

Il vit ! il vit !

CRÉUSE.

Qui donc ?

MEDÉE.

Mon époux !... mon héros !...
Leur père !... O mes enfants ! plus de pleurs, de sanglots
Votre père est vivant !

CRÉUSE.

Quel est-il ?

MEDÉE, avec orgueil.

Qui serait-ce,
Sinon l'orgueil, l'honneur, le soutien de la Grèce !

CRÉUSE.

Ciel !

MÉDÉE.

L'héroïque chef d'un peuple de héros,
Le vainqueur du dragon de Colchos !

CRÉUSE, avec un cri terrible.

De Colchos !...

MÉDÉE.

Celui dont la valeur par mon amour guidée...

CRÉUSE.

Jason !. . Vous êtes donc la terrible Médée !

MÉDÉE, se retournant vers elle.

Mais qui donc êtes-vous vous-même ?

ORPHÉE, cherchant à l'arrêter.

Au nom des dieux !

MÉDÉE, marchant sur Créuse qui recule.

A mon aspect pourquoi détournez-vous les yeux ?
A mon nom seul, pourquoi muette, consternée ?...
Je vois partout ici des apprêts d'hyménée !...
C'est le vôtre !... Et l'époux, où donc est-il ?... Parlez !...
Je veux le voir aussi !... Qu'il vienne ! vous tremblez !

Éclatant.

Ah !... je devine tout !... vous êtes cette femme
Dont mon cœur pressentait la perfidie infâme !...
Et le lâche Jason ..

CRÉUSE, relevant la tête et avec énergie.

Arrêtez !... Devant moi,
Respectez le héros dont j'ai reçu la foi !...

MEDÉE.

Tu l'aimes !

CRÉUSE.

Oui, je l'aime ! et demain le grand-prêtre
Le nomme mon époux !...

MÉDÉE.

Lui ! ton époux !.. Peut-être !. .

LEGOUVÉ.

—

LE ROI S'AMUSE.

ACTE II.

SCÈNE II.

TRIBOULET, *seul.*

Ce vieillard m'a maudit ! — Pendant qu'il me parlait,
Pendant qu'il me criait : — Oh ! sois maudit, valet !
Je raillais sa douleur, — oh, oui ! j'étais infâme,
Je riais, mais j'avais l'épouvante dans l'âme. —
(Il va s'asseoir sur le petit banc près de la table de pierre.)

Maudit !

(Profondément rêveur et la main sur son front).

Ah ! la nature et les hommes m'ont fait
Bien méchant, bien cruel et bien lâche en effet.
O rage ! être bouffon ! ô rage ! être difforme !
Toujours cette pensée ! et, qu'on veille ou qu'on dorme,
Quand du monde en rêvant vous avez fait le tour,
Retomber sur ceci : Je suis bouffon de cour !
Ne vouloir, ne pouvoir, ne devoir et ne faire
Que rire ! — Quel excès d'opprobre et de misère !
Quoi ! ce qu'ont les soldats ramassés en troupeau
Autour de ce haillon qu'ils appellent drapeau,
Ce qui reste, après tout, au mendiant d'Espagne,
A l'esclave en Tunis, au forçat dans son bagne,
A tout homme, ici-bas, qui respire et se meut,
Le droit de ne pas rire et de pleurer, s'il veut,
Je ne l'ai pas ! — O Dieu ! triste et l'humeur mauvaise,
Pris dans un corps mal fait où je suis mal à l'aise,
Tout rempli de dégoût de ma difformité,
Jaloux de toute force et de toute beauté,
Entouré de splendeurs qui me rendent plus sombre,
Parfois, farouche et seul, si je cherche un peu l'ombre,
Si je veux recueillir et calmer un moment
Mon âme qui sanglotte et pleure amèrement,
Mon maître tout à coup survient, mon joyeux maître,
Qui, tout-puissant, aimé des femmes, content d'être,
A force de bonheur oubliant le tombeau,
Grand, jeune, et bien portant, et roi de France, et beau,
Me pousse avec le pied dans l'ombre où je soupire,
Et me dit en bâillant Bouffon ! fais-moi donc rire,

— O pauvre fou de cour ! — c'est un homme, après tout !
— Eh bien! la passion qui dans son âme bout,
La rancune, l'orgueil, la colère hautaine,
L'envie et la fureur dont sa poitrine est pleine,
Le calcul éternel de quelque affreux dessein,
Tous ces noirs sentiments qui lui rongent le sein,
Sur un signe du maître, en lui-même il les broie,
Et, pour quiconque en veut, il en fait de la joie!
— Abjection ! — S'il marche, ou se lève, ou s'assied,
Toujours il sent le fil qui lui tire le pied.
— Mépris de toute part ! — Tout homme l'humilie.
Ou bien c'est une reine, une femme jolie,
Demi-nue et charmante, et dont il voudrait bien,
Qui le laisse jouer sur son lit, comme un chien !
Aussi, mes beaux seigneurs, mes railleurs gentilshommes,
Hun ! comme il vous hait bien ! quels ennemis nous sommes!
Comme il vous fait parfois payer cher vos dédains !
Comme il sait leur trouver des contre-coups soudains !
Il est le noir démon qui conseille le maître.
Vos fortunes, messieurs, n'ont plus le temps de naître,
Et, sitôt qu'il a pu dans ses ongles saisir
Quelque belle existence, il l'effeuille à plaisir !
— Vous l'avez fait méchant ! O douleur ! est-ce vivre?
Mêler du fiel au vin dont un autre s'enivre,
Si quelque bon instinct germe en soi, l'effacer.
Etourdir de grelots l'esprit qui veut penser,
Traverser, chaque jour, comme un mauvais génie,
Des fêtes, qui pour vous ne sont qu'une ironie,

Démolir le bonheur des heureux, par ennui,
N'avoir d'ambition qu'aux ruines d'autrui,
Et, contre tous, partout où le hasard vous pose,
Porter toujours en soi, mêler à toute chose,
Et garder, et cacher sous un rire moqueur,
Un fond de vieille haine extravasée au cœur !
Oh ! je suis malheureux ! —

Se levant du banc de pierre où il est assis.

Mais ici, que m'importe ?
Suis-je pas un autre homme en passant cette porte ?
Oublions un instant le monde dont je sors.
Ici, je ne dois rien apporter du dehors.

Retombant dans sa rêverie.

— Ce vieillard m'a maudit ! — Pourquoi cette pensée
Revient-elle toujours lorsque je l'ai chassée ?
Pourvu qu'il n'aille rien m'arriver ?

Haussant les épaules.

Suis-je fou ?

VICTOR HUGO.

—

RHADAMISTHE ET ZÉNOBIE.

ACTE II.

SCÈNE II.

PHARASMANE, RHADAMISTHE.

RHADAMISTHE.

Un Peuple triomphant, Maître de tant de Rois,
Qui vers vous en ces lieux, daigne emprunter ma voix,
De vos desseins secrets instruit comme vous-même,
Vous annonce aujourd'hui sa volonté suprême ;
Ce n'est pas que Néron, de sa grandeur jaloux,
Ne sache ce qu'il doit à des Rois tels que vous ;
Rome n'ignore pas à quel point la victoire,
Parmi les noms fameux élève votre gloire ;
Ce Peuple enfin si fier, et tant de fois vainqueur,
N'en admire pas moins votre haute valeur ;
Mais vous savez aussi jusqu'où va sa puissance ;
Ainsi gardez-vous bien d'exciter sa vengeance.
Alliée, ou plutôt sujette des Romains.
De leur choix l'Arménie attend ses souverains :
Vous le savez, Seigneur, et du pied du Caucase,
Vos soldats cependant s'avancent vers le Phase,
Le Cyrus, sur ses bords, chargé de combattants,
Fait voir de toutes parts vos étendards flottants :

Rome de tant d'apprêts qui s'indigne et se lasse.
N'a point accoutumé les Rois à tant d'audace ;
Quoique Rome peut-être, au mépris de ses droits,
N'ait point interrompu le cours de vos exploits,
Qu'elle ait abandonné Tigrane et la Médie,
Elle ne prétend point vous céder l'Arménie ;
Je vous déclare donc que César ne veut pas
Que vers l'Araxe enfin vous adressiez vos pas.

PHARASMANE.

Quoique d'un vain discours je brave la menace,
Je l'avouerai, je suis surpris de votre audace ;
De quel front osez-vous, soldats de Corbu'on,
M'apporter dans ma Cour les ordres de Néron?
Et depuis quand croit-il qu'au mépris de ma gloire,
A ne plus craindre Rome instruit par la victoire,
Oubliant désormais la suprême grandeur,
J'aurai plus de respect pour son ambassadeur ?
Moi, qui formant au joug des peuples invincibles.
Ai tant de fois bravé ces Romains si terribles,
Qui fais trembler encore ces fameux Souverains,
Ces Parthes, aujourd'hui la terreur des Romains ;
Ce peuple triomphant n'a point vu mes images,
A la suite d'un char en butte à ses outrages.
La honte que sur lui répandent mes exploits,
D'un airain orgueilleux a bien vengé des Rois ;
Mais quel soin vous conduit en ce pays barbare ?
Est ce la guerre enfin que Néron me déclare?
Qu'il ne s'y trompe point, la pompe de ces lieux,
Vous le voyez assez, n'éblouit point les yeux.

Jusques aux courtisans qui me rendent hommage,
Mon Palais, tout ici n'a qu'un faste sauvage ;
La Nature marâtre en ces affreux climats,
Ne produit, au lieu d'or, que du fer, des soldats.
Son sein tout hérissé n'offre aux désirs de l'homme
Rien qui puisse tenter l'avarice de Rome.
Mais, pour trancher ici d'inutiles discours,
Rome de mes projets peut traverser le cours.
Et pourquoi, s'il est vrai qu'elle en soit informée,
N'a-t-elle pas encore assemblé son armée !
Que font vos Légions ? Ces superbes vainqueurs
Ne combattent-ils plus que par Ambassadeurs ?
C'est, la flamme à la main, qu'il faut dans l'Ibérie,
Me distraire du soin d'entrer dans l'Arménie,
Non par de vains discours indignes des Romains,
Quand je vais par le fer m'en ouvrir les chemins ;
Et peut-être bien plus, dédaignant Artaxate,
Défier Corbulon jusqu'aux bords de l'Euphrate.

CRÉBILLON.

TABLE.

Avertissement.. 1
La petite faiseuse d'embarras......................... 3
Un Ange... 4
La Grand'Mère... 5
Nous sommes sept...................................... 6
Bélisaire... 8
L'homme et la Nature.................................. 9
Les Druides... 10
Eloge de Franklin..................................... 12
Mirabeau à ses accusateurs............................ 13
Le Paysan veuf.. 15
Les Prunes.. 16
Paysages de la Suisse................................. 19
Marie ou le mouchoir bleu............................. 21

SCÈNES DIVERSES.

L'Epreuve... 27
Le Barbier de Séville................................. 31
Lady Tartufe.. 38
Valérie... 51
L'Ecole des Vieillards................................ 58
Médée... 68
Le Roi s'amuse.. 83
Rhadamisthe et Zénobie................................ 87

Paris, Imprimerie Moquet, Rue des [illegible]

www.ingramcontent.com/pod-product-compliance
Ingram Content Group UK Ltd.
Pitfield, Milton Keynes, MK11 3LW, UK
UKHW031928260826
14628UKWH00003B/1478

9 782014 030105